Herzverankernde Hochzeitsanträge

Die ultimative Ideensammlung für besondere Hochzeitsanträge

Die Hafenprinzessin

Liebe Leserin, lieber Leser,

dieser Ratgeber liefert wertvolle Anreize und Impulse für alle Menschen, die ihrer baldigen Frau einen kreativen und wertvollen Hochzeitsantrag der besonderen Art machen wollen. Hierbei werden zahlreiche Vorschläge komprimiert und ausgearbeitet im Buch präsentiert, diese sind nach Budget- und Zeitaufwand eingruppiert und ermöglichen somit eine individuelle Wahl je nach Vorstellung und Situation. Zwar ist dieses Buch darauf in der Basis ausgelegt, dass die Kernleser Männer sind, die ihrer Partnerin einen Antrag unterbreiten möchten, jedoch ist es natürlich auch mit etwas eigener Kreativität möglich, dass es von einer Frau erworben wird, die ihrem baldigen Ehemann einen Hochzeitsantrag machen will. Alternativ natürlich auch von gleichgeschlechtlichen Partnern, dies spielt bei diesem Ideenlieferanten in Form dieses Buchs keine signifikante Rolle.

Ihre

Hafenprinzessin

Impressum

Verantwortlich

Christian Flick / Mathias Weber

youneo projects flick und weber GbR, Poststraße 1, 49326 Melle

info@youneoprojects.de, www.youneoprojects.de

Herstellung und Verlag

BoD - Books on Demand, Norderstedt

Bildquellen

© Kuznetcov_Konstantin/shutterstock (Cover), ddok/shutterstock, Jane Kelly - Fotolia.com

Hafenprinzessin® ist eine eingetragene Marke der youneo projects flick und weber GbR.

ISBN: 9783750480247

Bitte fühlen Sie sich

herzverankert!

Idee 1:

Der Antrag auf der Kinoleinwand

Mögen Sie den großen Auftritt?
Überdenken Sie bitte die Idee, ihrer Liebsten einen Antrag auf der Kinoleinwand zu machen. Mit einer solchen Filmbotschaft hinterlässt man ganz sicher Spuren und einen guten Eindruck, aber passt diese Art des Antrags auch zu Ihrer Wunschbraut?

Checkliste:
- Verlobungsring organisieren und für den passenden Moment bereithalten
- Regionales Kino ansprechen
- Art des Antrags auf der Leinwand fixieren (Bildershow, Einzelbild mit Text etc.)
- Termin fixieren
- Doppelter Check mit den Ansprechpartnern im Kino
- Laden Sie ihre Partnerin frühzeitig und rechtzeitig zu einem Kinoabend ein, bitte verhalten Sie sich hierbei aber neutral und erwecken Sie dabei kein Aufsehen.

Kostenaufwand:
○ < 100 €   ☑ < 500 €   ○ < 1.000 €

Zeitaufwand:
○ < 5 Std.   ○ 1 Tag   ☑ 3 – 5 Tage

Diese Idee bewerte ich für mich wie folgt:

○   Damit wäre ich zufrieden.

○   Darin sehe ich mich gar nicht.

○   Das wäre wirklich perfekt.

Bemerkungen:

Idee 2:

Der individuelle Glückskeks

Lieben Sie die Überraschung zum perfekten Moment?
Ein individueller Glückskeks mit einer persönlichen Liebesbotschaft könnte dann für Sie genau der richtige Antragsstifter sein.

Checkliste:
– Verlobungsring organisieren und für den passenden Moment bereithalten
– Anbieter und Hersteller dieser Kekse online über eine Suchmaschine recherchieren
– Keksbotschaft definieren, passend und individuell zur Person
– Glückskeks beim nächsten Restaurantbesuch mitführen und gut verstecken
– Glückskeks ggf. vom Restaurantpersonal mit einem Glas Sekt überreichen und bringen lassen

Kostenaufwand:
✔ < 100 €   ◯ < 500 €   ◯ < 1.000 €

Zeitaufwand:
✔ < 5 Std.   ◯ 1 Tag   ◯ 3 – 5 Tage

Kreuzen Sie bitte an.

Diese Idee bewerte ich für mich wie folgt:

○ Damit wäre ich zufrieden.

○ Darin sehe ich mich gar nicht.

○ Das wäre wirklich perfekt.

Bemerkungen:

Idee 3:

Der Tag des Feuerwerks

Sind Sie ganz Feuer und Flamme? Der Antrag soll grandios werden?
Geben Sie dies in professionelle Hände und fragen Sie einen Experten für Feuerwerkstechnik. In den Punkten Genehmigung, Beantragung, Sicherheit und Effekte ist ein Profi immer der richtige Ansprechpartner.

Checkliste:
- Verlobungsring organisieren und für den passenden Moment bereithalten
- Anbieter für Feuerwerk online über eine Suchmaschine recherchieren
- Leistungsumfang, Kosten und Termin besprechen
- Ort und Story planen, damit auch die Überraschung komplett gelingt

Kostenaufwand:

○ < 100 €   ○ < 500 €   ☑ < 1.000 €

Zeitaufwand:

○ < 5 Std.   ○ 1 Tag   ☑ 3 – 5 Tage

Kreuzen Sie bitte an.

Diese Idee bewerte ich für mich wie folgt:

○ Damit wäre ich zufrieden.

○ Darin sehe ich mich gar nicht.

○ Das wäre wirklich perfekt.

Bemerkungen:

Idee 4:

Das individuelle Kreuzworträtsel

Ein individuelles Kreuzworträtsel kann man von Internetanbieter erstellen lassen. Hierbei können Fragen zur Beziehung und zum gemeinsamen Leben eingebaut werden. Dabei entsteht dann als Rätsellösung Schritt für Schritt die Frage aller Fragen.

Checkliste:
- Verlobungsring organisieren und für den passenden Moment bereithalten
- Leistungsumfang, Kosten und Umsetzung planen und ggf. besprechen
- Anbieter finden und Recherche im Internet betreiben

Kostenaufwand:

○ < 100 € ☑ < 500 € ○ < 1.000 €

Zeitaufwand:

○ < 5 Std. ○ 1 Tag ☑ 3 – 5 Tage

Kreuzen Sie bitte an.

Diese Idee bewerte ich für mich wie folgt:

○   Damit wäre ich zufrieden.

○   Darin sehe ich mich gar nicht.

○   Das wäre wirklich perfekt.

Bemerkungen:

Idee 5:

Das Romantikdinner

Romantik ist immer gut, eine besondere kulinarische Vorliebe? Liebe geht durch den Magen und eine besondere kulinarische Überraschung kann Herzen öffnen. Vielleicht ein besonderes Dinner an einem ganz besonderen Ort?

Checkliste:

– Verlobungsring organisieren und für den passenden Moment bereithalten
– Anbieter für Dinner lokal oder online über eine Suchmaschine recherchieren
– Leistungsumfang, Kosten und Termin besprechen

Kostenaufwand:

○ < 100 €   ✔ < 500 €   ○ < 1.000 €

Zeitaufwand:

○ < 5 Std.   ○ 1 Tag   ✔ 3 – 5 Tage

Kreuzen Sie bitte an.

Diese Idee bewerte ich für mich wie folgt:

○   Damit wäre ich zufrieden.

○   Darin sehe ich mich gar nicht.

○   Das wäre wirklich perfekt.

Bemerkungen:

Idee 6:

Die personalisierten Süßigkeiten

Vielleicht eine tolle Torte und/oder Pralinen vom Konditor Ihres Vertrauens? Die Botschaft auf den Süßigkeiten mit Glasur oder Schokolade aufgebracht. Eine süße Botschaft der ganz besonderen Art. Auch so kann man die Frage aller Fragen würdevoll und charmant stellen.

Checkliste:

- Verlobungsring organisieren und für den passenden Moment bereithalten
- Anbieter für Torten und Pralinen lokal oder online über eine Suchmaschine recherchieren
- Leistungsumfang, Kosten und Termin besprechen

Kostenaufwand:

✓ < 100 €   ○ < 500 €   ○ < 1.000 €

Zeitaufwand:

✓ < 5 Std.   ○ 1 Tag   ○ 3 – 5 Tage

Kreuzen Sie bitte an.

Diese Idee bewerte ich für mich wie folgt:

○   Damit wäre ich zufrieden.

○   Darin sehe ich mich gar nicht.

○   Das wäre wirklich perfekt.

Bemerkungen:

Idee 7:

Der Trip in die romantische Weltstadt (Paris, New York, Venedig etc.)

Das Gute in der Ferne suchen, warum denn nicht? Eine kleine Reise an einen romantischen Ort kann Herzen beflügeln. Städte der Romantik und Liebe gibt es einige auf dieser schönen Welt. Ggf. gefällt Ihnen diese Idee?

Checkliste:
- Verlobungsring organisieren und für den passenden Moment bereithalten
- Anbieter für Reisen lokal oder online über eine Suchmaschine recherchieren
- Leistungsumfang, Kosten und Termin besprechen, Urlaub beim Arbeitgeber buchen und Anwesenheit vor Ort vorplanen

Kostenaufwand:

○ < 100 €	○ < 500 €	✔ < 1.000 €

Zeitaufwand:

○ < 5 Std.	○ 1 Tag	✔ 3 – 5 Tage

Kreuzen Sie bitte an.

Diese Idee bewerte ich für mich wie folgt:

○   Damit wäre ich zufrieden.

○   Darin sehe ich mich gar nicht.

○   Das wäre wirklich perfekt.

Bemerkungen:

Idee 8:

Der Taucher-Antrag

Sie tauchen gerne? Dann ist der Antrag unter Wasser ggf. perfekt für Sie. Große Buchstaben unter Wasser mit der Frage der Fragen? Eine versenkte Schatztruhe mit einer bedruckten Tafel „Willst du mich heiraten?"
So oder ähnlich könnte der Antrag unter Wasser aussehen. Exotisch aber auch sehr besonders.

Checkliste:
- Verlobungsring organisieren und für den passenden Moment bereithalten
- Anbieter für Tauchgänge z.B. online über eine Suchmaschine recherchieren
- Leistungsumfang, Kosten und Termin besprechen, ggf. Begleitung durch Tauchlehrer etc.

Kostenaufwand:

| ○ | < 100 € | ☑ | < 500 € | ○ | < 1.000 € |

Zeitaufwand:

| ○ | < 5 Std. | ○ | 1 Tag | ☑ | 3 – 5 Tage |

Kreuzen Sie bitte an.

Diese Idee bewerte ich für mich wie folgt:

○   Damit wäre ich zufrieden.

○   Darin sehe ich mich gar nicht.

○   Das wäre wirklich perfekt.

Bemerkungen:

Idee 9:

Der Zauber der Wandeltassen

Kalt einfarbig, im warmen Zustand erkennt man ein Muster, eine Botschaft usw.
Wer kennt Sie nicht auch noch von früher, die guten Wandeltassen. Genau hier beginnt die besondere Idee, der individuellen Wandeltasse mit der Hochzeitsfrage. Stellen Sie sich vor, diese Tasse in einer Berghütte zu servieren, einen Tee einzuschenken und dann auf die Reaktion der Herzensdame zu warten.

Checkliste:
– Verlobungsring organisieren und für den passenden Moment bereithalten
– Anbieter für Wandeltassen online über eine Suchmaschine recherchieren
– Leistungsumfang, Kosten und Termin besprechen

Kostenaufwand:
| ✓ < 100 € | ○ < 500 € | ○ < 1.000 € |

Zeitaufwand:
| ✓ < 5 Std. | ○ 1 Tag | ○ 3 – 5 Tage |

Kreuzen Sie bitte an.

Diese Idee bewerte ich für mich wie folgt:

○   Damit wäre ich zufrieden.

○   Darin sehe ich mich gar nicht.

○   Das wäre wirklich perfekt.

Bemerkungen:

Idee 10:

Die Ballonfahrt

Über den Wolken ist nicht nur die Freiheit grenzenlos, sondern auch der Abstand zu vielen Dingen perfekt vorhanden. Ggf. ist die Überraschung, mit einer Ballonfahrt um die Ecke zu kommen und hierbei den Antrag zu machen, für Sie perfekt.

Checkliste:

– Verlobungsring organisieren und für den passenden Moment bereithalten
– Anbieter für Ballonfahrten online über eine Suchmaschine recherchieren
– Leistungsumfang, Kosten und Termin besprechen (wobei ein Termin immer sehr stark vom Wetter abhängt, wenn Sie diese Art des Antrags wählen wollen)

Kostenaufwand:

| ○ | < 100 € | ✔ | < 500 € | ○ | < 1.000 € |

Zeitaufwand:

| ○ | < 5 Std. | ✔ | 1 Tag | ○ | 3 – 5 Tage |

Kreuzen Sie bitte an.

Diese Idee bewerte ich für mich wie folgt:

○   Damit wäre ich zufrieden.

○   Darin sehe ich mich gar nicht.

○   Das wäre wirklich perfekt.

Bemerkungen:

Idee 11:

Die klassische Idee: At home

„Zuhause", „my home is my castle" usw.

Auch hier kann man sich kreative Gedanken für einen Antrag machen. Z.B. ein Zimmer mit roten Rosen schmücken, den Hund den Ring (z.B. am Halsband montiert) bringen lassen und vieles mehr.

Checkliste:
– Verlobungsring organisieren und für den passenden Moment bereithalten
– Finale Idee zur Umsetzung in den eigenen vier Wänden finden
– Leistungsumfang, Kosten und Termin planen

Kostenaufwand:

☑   < 100 €   ◯   < 500 €   ◯   < 1.000 €

Zeitaufwand:

◯   < 5 Std.   ☑   1 Tag   ◯   3 – 5 Tage

Kreuzen Sie bitte an.

Diese Idee bewerte ich für mich wie folgt:

○   Damit wäre ich zufrieden.

○   Darin sehe ich mich gar nicht.

○   Das wäre wirklich perfekt.

Bemerkungen:

Idee 12:

Die Herzenluftballons

Herzballons findet man in vielen Geschäften, in vielen Onlineshops usw.
Diese frühzeitig vorzubereiten und an einem besonderen Ort zu drapieren, ist die größere Aufgabe bei dieser Antragsvariante.

Checkliste:
- Verlobungsring organisieren und für den passenden Moment bereithalten
- Anbieter für Herzballons online über eine Suchmaschine recherchieren
- Leistungsumfang, Kosten und Termin planen

Kostenaufwand:

○ < 100 €   ✔ < 500 €   ○ < 1.000 €

Zeitaufwand:

○ < 5 Std.   ✔ 1 Tag   ○ 3 – 5 Tage

Kreuzen Sie bitte an.

Diese Idee bewerte ich für mich wie folgt:

○   Damit wäre ich zufrieden.

○   Darin sehe ich mich gar nicht.

○   Das wäre wirklich perfekt.

Bemerkungen:

Idee 13:

Das individuelle Puzzle mit Botschaft

Ein kleines aber persönliches Puzzle ist eine ganz besondere Idee. Es gibt im Internet zahlreiche Anbieter für diese Puzzlesysteme. Nach einigen Handgriffen hat dann ihre Herzdame das z.B. 30-Teile Puzzle zusammengelegt und findet eine besondere Liebesbotschaft vor. Kreativ, schön und preiswert.

Checkliste:
– Verlobungsring organisieren und für den passenden Moment bereithalten
– Anbieter für Individualpuzzle online über eine Suchmaschine recherchieren
– Leistungsumfang, Kosten und Termin planen

Kostenaufwand:
☑ < 100 €　　　○ < 500 €　　　○ < 1.000 €

Zeitaufwand:
☑ < 5 Std.　　　○ 1 Tag　　　○ 3 – 5 Tage

Kreuzen Sie bitte an.

Diese Idee bewerte ich für mich wie folgt:

○   Damit wäre ich zufrieden.

○   Darin sehe ich mich gar nicht.

○   Das wäre wirklich perfekt.

Bemerkungen:

Der Urlaub als Antragschance

Auch der gemeinsame Urlaub kann die Basis eines guten Hochzeitsantrags sein. Z.B. ein romantisches Picknick am Meer, bei einem besonderen Ausflug, auf der Dachterrasse des Hotels bei einem abendlichen Dinner mit Sternenhimmel usw.

Checkliste:
- Verlobungsring organisieren und für den passenden Moment bereithalten
- Anbieter für Events im Hotel oder im Urlaubsort suchen
- Leistungsumfang, Kosten und Termin planen

Kostenaufwand:

○ < 100 €	✔ < 500 €	○ < 1.000 €

Zeitaufwand:

○ < 5 Std.	✔ 1 Tag	○ 3 – 5 Tage

Kreuzen Sie bitte an.

Diese Idee bewerte ich für mich wie folgt:

○   Damit wäre ich zufrieden.

○   Darin sehe ich mich gar nicht.

○   Das wäre wirklich perfekt.

Bemerkungen:

Idee 15:

Das Liebes-Picknick

Ein Picknick am See, im geliebten Stadtpark usw. – für echte Romantiker kann dies in Verbindung mit einem Ring der perfekte Antrag sein.

Checkliste:

- Verlobungsring organisieren und für den passenden Moment bereithalten
- Picknick-Set mit den Lieblings-Lebensmitteln zusammenstellen
- Termin und Wunschort planen

Kostenaufwand:

✓ < 100 €	○ < 500 €	○ < 1.000 €

Zeitaufwand:

✓ < 5 Std.	○ 1 Tag	○ 3 – 5 Tage

Kreuzen Sie bitte an.

Diese Idee bewerte ich für mich wie folgt:

○   Damit wäre ich zufrieden.

○   Darin sehe ich mich gar nicht.

○   Das wäre wirklich perfekt.

Bemerkungen:

Idee 16:

Der Fallschirm-Sprung ins Glück

Ein Tandemsprung mit einem Fallschirm ist für die meisten Menschen eine grandiose Grenzerfahrung, die man i.d.R. nur einmalig macht. Vielleicht bietet es sich hier an, z.B. direkt am Boden einen Antrag vorzubereiten.

Checkliste:

–   Verlobungsring organisieren und für den passenden Moment bereithalten
–   Anbieter für Tandemsprünge online in einer Suchmaschine recherchieren
–   Leistungsumfang, Kosten und Termin planen

Kostenaufwand:

◯   < 100 €   ✔   < 500 €   ◯   < 1.000 €

Zeitaufwand:

◯   < 5 Std.   ◯   1 Tag   ✔   3 – 5 Tage

Kreuzen Sie bitte an.

Diese Idee bewerte ich für mich wie folgt:

○   Damit wäre ich zufrieden.

○   Darin sehe ich mich gar nicht.

○   Das wäre wirklich perfekt.

Bemerkungen:

Idee 17:

Der Antrag auf Leinwand oder an der Wand

Ein Antrag auf einer großen Leinwand (Mietleinwand oder auch selbst gebaut) wird sicher seine Wirkung auch nicht verfehlen. Z.B. auf dem Arbeitsweg der besseren Hälfte gut und gemeinsam mit Ihnen als Überraschung positioniert. Aber bitte daran denken, dass man dies genehmigen lassen sollte, falls es Privatgrundstücke und öffentliche Straßen betrifft.

C

heckliste:

- Verlobungsring organisieren und für den passenden Moment bereithalten
- Anbieter für Leinwandwerbung ausfindig machen (Plakatwerbeanbieter) oder selbst eine kleine Leinwand bauen und entwickeln
- Leistungsumfang, Kosten, Ort und Termin planen

Kostenaufwand:

○ < 100 €   ✔ < 500 €   ○ < 1.000 €

Zeitaufwand:

○ < 5 Std.   ○ 1 Tag   ✔ 3 – 5 Tage

Kreuzen Sie bitte an.

Diese Idee bewerte ich für mich wie folgt:

○   Damit wäre ich zufrieden.

○   Darin sehe ich mich gar nicht.

○   Das wäre wirklich perfekt.

Bemerkungen:

Idee 18:

Die Werbefläche als Projektionsgrundlage für Ihren Antrag

Ihre Traumfrau hat eine Lieblingszeitschrift? Vielleicht schalten Sie eine hübsche kleine Werbeanzeige darin und bitten in diesem Zuge um die Hand Ihrer Liebsten.

Checkliste:

– Verlobungsring organisieren und für den passenden Moment bereithalten
– Anbieter für Werbeflächen von Printmagazinen ausfindig machen (oftmals unter "Mediadaten")
– Leistungsumfang, Kosten und Termin planen

Kostenaufwand:

| ○ | < 100 € | ✔ | < 500 € | ○ | < 1.000 € |

Zeitaufwand:

| ○ | < 5 Std. | ○ | 1 Tag | ✔ | 3 – 5 Tage |

Kreuzen Sie bitte an.

Diese Idee bewerte ich für mich wie folgt:

○   Damit wäre ich zufrieden.

○   Darin sehe ich mich gar nicht.

○   Das wäre wirklich perfekt.

Bemerkungen:

Das Stadion als Heiratsantragsort

Fußballfans sind häufig regional verbunden, bodenständig und ehrlich. Warum nicht einfach über die Stadionleinwand nach der Hand der Liebsten fragen. Natürlich sollte man sich versichern, dass man dann auch zusammen beim Spiel vor Ort ist. Aber generell für Fußballfans eine tolle Möglichkeit, einen Heiratsantrag zu unterbreiten.

Checkliste:
– Verlobungsring organisieren und für den passenden Moment bereithalten
– Vereinsleitung, Fanbeauftragten oder Pressebereich gezielt ansprechen, ob diese Form des Antrags für den jeweiligen Verein im Wunschstadion möglich ist
– Leistungsumfang, Kosten und Termin planen

Kostenaufwand:
○ < 100 €   ✔ < 500 €   ○ < 1.000 €

Zeitaufwand:
○ < 5 Std.   ○ 1 Tag   ✔ 3 – 5 Tage

Kreuzen Sie bitte an.

Diese Idee bewerte ich für mich wie folgt:

○   Damit wäre ich zufrieden.

○   Darin sehe ich mich gar nicht.

○   Das wäre wirklich perfekt.

Bemerkungen:

Idee 20:

Der Banner am Flugzeug (Sportflugzeug)

Bestimmt schon mal gesehen! Ein Sportflugzeug zog einen Banner lange hinter sich her und im Himmel war zu lesen „Schatz, willst du mich heiraten?". Wäre diese Antragsform etwas für Sie bzw. für Ihre Liebste? Dann informieren Sie sich bitte gerne bei Ihrem nächsten regionalen Sportflugplatz, ob man hier etwas zum fairen Preis anbieten könnte.

Checkliste:
- Verlobungsring organisieren und für den passenden Moment bereithalten
- Anbieter für Flugzeugbannerwerbung finden oder beim nächsten Regionalflugplatz nachfragen
- Leistungsumfang, Kosten und Termin planen

Kostenaufwand:

○ < 100 €   ✔ < 500 €   ○ < 1.000 €

Zeitaufwand:

○ < 5 Std.   ○ 1 Tag   ✔ 3 – 5 Tage

Kreuzen Sie bitte an.

Diese Idee bewerte ich für mich wie folgt:

○   Damit wäre ich zufrieden.

○   Darin sehe ich mich gar nicht.

○   Das wäre wirklich perfekt.

Bemerkungen:

Idee 21:

Der Spiegel mit Botschaft

Kostengünstig, aber wirkungsvoll. Eine zauberhafte Liebesbotschaft auf dem Badezimmerspiegel mit Lippenstift in roter Schrift. Natürlich ist hier gutes Timing gefragt und ein Strauß roter Rose würde diese Antragsform selbstverständlich positiv erweitern.

C

heckliste:

– Verlobungsring organisieren und für den passenden Moment bereithalten
– Lippenstift in Rot erwerben (Lösbarkeit etwas im Hinterkopf behalten)
– Genaue Umsetzung, Rahmenbedingungen und Termin planen

Kostenaufwand:

✔ < 100 € ◯ < 500 € ◯ < 1.000 €

Zeitaufwand:

✔ < 5 Std. ◯ 1 Tag ◯ 3 – 5 Tage

Kreuzen Sie bitte an.

Diese Idee bewerte ich für mich wie folgt:

○   Damit wäre ich zufrieden.

○   Darin sehe ich mich gar nicht.

○   Das wäre wirklich perfekt.

Bemerkungen:

Der Himmelsschreiber mit Botschaft in der Luft

Ein Himmelsschreiber zieht mit dem Sportflugzeug schöne Schriften wolkengleich in den Himmel. Ein „willst du mich heiraten" aus Sprühnebel wäre sicherlich auch sehr romantisch und bezaubernd schön.

Checkliste:
— Verlobungsring organisieren und für den passenden Moment bereithalten
— Anbieter für Himmelsschreiber finden, lokal am Flugplatz oder per Onlinesuche
— Leistungsumfang, Kosten und Termin planen

Kostenaufwand:
○   < 100 €   ✔   < 500 €   ○   < 1.000 €

Zeitaufwand:
○   < 5 Std.   ○   1 Tag   ✔   3 – 5 Tage

Diese Idee bewerte ich für mich wie folgt:

○   Damit wäre ich zufrieden.

○   Darin sehe ich mich gar nicht.

○   Das wäre wirklich perfekt.

Bemerkungen:

Idee 23:

Die Collage als Frage

Sie können gut malen? Dann malen Sie doch eine Collage der besonderen Art und stellen Sie somit die Frage aller Fragen.

Checkliste:

– Verlobungsring organisieren und für den passenden Moment bereithalten
– Notwendiges Material kaufen, Ort zur Gestaltung wählen
– Leistungsumfang, Kosten und Termin planen

Kostenaufwand:

☑ < 100 € ○ < 500 € ○ < 1.000 €

Zeitaufwand:

○ < 5 Std. ☑ 1 Tag ○ 3 – 5 Tage

Kreuzen Sie bitte an.

Diese Idee bewerte ich für mich wie folgt:

○   Damit wäre ich zufrieden.

○   Darin sehe ich mich gar nicht.

○   Das wäre wirklich perfekt.

Bemerkungen:

Idee 24:

Die Öffentlichkeit als Projektion

Sie mögen den ganz großen Auftritt? Fragen Sie Ihren Lieblingsmenschen in Kooperation mit vielen anderen Menschen, ob Sie sich vermählen möchten. Z.B. in einer vorerst unauffälligen Situation in der Fußgängerzone, die sich dann in eine Art Tanzperformance bzw. einen Flashmob verwandelt. Hier ist der Fantasie kaum eine Grenze gesetzt. Je nach Menschentyp kann diese Antragsform perfekt oder auch manchmal eher ungeeignet sein.

Checkliste:
- Verlobungsring organisieren und für den passenden Moment bereithalten
- Freundeskreis einweihen, Vereins-, Sports- und Arbeitskollegen etc.
- Leistungsumfang, Kosten, Umsetzung und Termin planen

Kostenaufwand:

☑ < 100 €   ○ < 500 €   ○ < 1.000 €

Zeitaufwand:

○ < 5 Std.   ○ 1 Tag   ☑ 3 – 5 Tage

Kreuzen Sie bitte an.

Diese Idee bewerte ich für mich wie folgt:

○   Damit wäre ich zufrieden.

○   Darin sehe ich mich gar nicht.

○   Das wäre wirklich perfekt.

Bemerkungen:

Idee 25:

Der selbstgefertigte Film

Sie kennen jemanden, der gut mit Film, Kamera und Videosoftware umgehen kann? Dann ist ggf. der selbst-gefertigte Film eine ganz zauberhafte Idee für einen Antrag. Binden Sie das Hobby mit ein oder eine witzige Alltagssituation. Überraschen Sie Ihre Liebste mit diesem Video und stellen Sie die Frage aller Fragen.

Checkliste:
– Verlobungsring organisieren und für den passenden Moment bereithalten
– Videodreh vorbereiten, kreative Idee entwickeln und Umsetzung angehen
– Leistungsumfang, beteiligte Personen, notwendige Kosten und Termin planen

Kostenaufwand:

○	< 100 €	✔	< 500 €	○	< 1.000 €

Zeitaufwand:

○	< 5 Std.	○	1 Tag	✔	3 – 5 Tage

Kreuzen Sie bitte an.

Diese Idee bewerte ich für mich wie folgt:

○   Damit wäre ich zufrieden.

○   Darin sehe ich mich gar nicht.

○   Das wäre wirklich perfekt.

Bemerkungen:

Idee 26:

Das Bild in der Lieblingszeitung

Haben Sie ein schönes Foto von Ihrer Liebsten, das in der Lieblingszeitung oder Regionalzeitung abgedruckt werden könnte? Ggf. darüber ein witziger Satz wie: „Suche diese Frau für den Rest meines Lebens - Möchtest du mich heiraten?"

Checkliste:
– Verlobungsring organisieren und für den passenden Moment bereithalten
– Zeitungsverlag finden und Anzeigenstelle zwecks Umsetzungsmöglichkeiten kontaktieren
– Leistungsumfang, Kosten und Termin planen

Kostenaufwand:

◯	< 100 €	✔	< 500 €	◯	< 1.000 €

Zeitaufwand:

◯	< 5 Std.	✔	1 Tag	◯	3 – 5 Tage

Kreuzen Sie bitte an.

Diese Idee bewerte ich für mich wie folgt:

○   Damit wäre ich zufrieden.

○   Darin sehe ich mich gar nicht.

○   Das wäre wirklich perfekt.

Bemerkungen:

Idee 27:

Der Podcast mit Liebesfrage

Ein Podcast liegt voll im Trend. Vielleicht sprechen Sie mal einen Beitrag, eine Geschichte rund um Ihr Leben ein, gestalten es dann so, dass der Schluss dieses Beitrags darin endet, dass Sie Ihrer Liebsten den Heiratsantrag unterbreiten. Danach müssen Sie natürlich einen Weg finden, wie Sie Ihre bessere Hälfte dezent dazu bringen, sich diesen Beitrag anzuhören. Nicht einfach, aber mit etwas Kreativität durchaus machbar.

Checkliste:
- Verlobungsring organisieren und für den passenden Moment bereithalten
- Anbieter für Podcast online in einer Suchmaschine recherchieren, Story entwickeln
- Leistungsumfang, Kosten, Umsetzung und Termin planen

Kostenaufwand:

○ < 100 €	✔ < 500 €	○ < 1.000 €

Zeitaufwand:

○ < 5 Std.	○ 1 Tag	✔ 3 – 5 Tage

Kreuzen Sie bitte an.

Diese Idee bewerte ich für mich wie folgt:

○   Damit wäre ich zufrieden.

○   Darin sehe ich mich gar nicht.

○   Das wäre wirklich perfekt.

Bemerkungen:

Idee 28:

Der Lieblingsort mit romantischer Dekoration

Sie haben einen ganz besonderen Platz, den Sie als Paar lieben und an dem Sie bereits tolle Momente erlebt haben? Vielleicht bietet es sich an, diesen Platz bzw. Ort wirkungsvoll und romantisch zu dekorieren, anschließend die bessere Hälfte dort zu überraschen und die Frage aller Fragen zu stellen.

Checkliste:
- Verlobungsring organisieren und für den passenden Moment bereithalten
- Grundkonzept überlegen, Gestaltung und Vorgehensweise etc.
- Leistungsumfang, Kosten und Termin planen

Kostenaufwand:

✔ < 100 €	◯ < 500 €	◯ < 1.000 €

Zeitaufwand:

◯ < 5 Std.	◯ 1 Tag	✔ 3 – 5 Tage

Kreuzen Sie bitte an.

Diese Idee bewerte ich für mich wie folgt:

○   Damit wäre ich zufrieden.

○   Darin sehe ich mich gar nicht.

○   Das wäre wirklich perfekt.

Bemerkungen:

Der Vorgeschmack auf Flitterwochen

Ein kleiner Überraschungsurlaub könnte als Vorgeschmack auf kommende Flitterwochen sein. Bereiten Sie einen Spontanurlaub vor, zaubern Sie eine romantische Atmosphäre und nutzen Sie den Charme des Moments, um den Antrag im perfekten Moment machen zu können.

Checkliste:
- Verlobungsring organisieren und für den passenden Moment bereithalten
- Romantischen Kurzurlaub finden und planen
- Leistungsumfang, Kosten und Termin planen

Kostenaufwand:

○ < 100 €   ✔ < 500 €   ○ < 1.000 €

Zeitaufwand:

○ < 5 Std.   ○ 1 Tag   ✔ 3 – 5 Tage

Kreuzen Sie bitte an.

Diese Idee bewerte ich für mich wie folgt:

○   🕊️   Damit wäre ich zufrieden.

○   Darin sehe ich mich gar nicht.

○   Das wäre wirklich perfekt.

Bemerkungen:

Der Chor-Antrag

Lieben Sie den großen Moment? In vielen Regionen gibt es sehr gut Chöre, die ein tolles Lied an einem romantischen Ort singen können. Bauen Sie dies als Überraschung in Ihren Antrag mit ein.

C

heckliste:

- Verlobungsring organisieren und für den passenden Moment bereithalten
- Chor ausfindig machen und Vorgehensweise besprechen, planen etc., Song auswählen
- Leistungsumfang, Kosten und Termin planen

Kostenaufwand:

○ < 100 €	✔ < 500 €	○ < 1.000 €

Zeitaufwand:

○ < 5 Std.	○ 1 Tag	✔ 3 – 5 Tage

Kreuzen Sie bitte an.

Diese Idee bewerte ich für mich wie folgt:

○   Damit wäre ich zufrieden.

○   Darin sehe ich mich gar nicht.

○   Das wäre wirklich perfekt.

Bemerkungen:

Idee 31:

Der Gartenantrag

Lieben Sie Ihren Garten und die Natur? Dann nutzen Sie doch Ihren Lieblingsplatz und dekorieren Sie in Ihrem Garten. Ein Herz aus Rosen auf dem Rasen, etwas Kerzenschein, schöne Musik und fertig ist der perfekte Moment.

Checkliste:

– Verlobungsring organisieren und für den passenden Moment bereithalten
– Dekoration, Blumen und Musik planen
– Leistungsumfang, Kosten, Vorgehensweise und Termin planen

Kostenaufwand:

☑ < 100 € ○ < 500 € ○ < 1.000 €

Zeitaufwand:

○ < 5 Std. ☑ 1 Tag ○ 3 – 5 Tage

Kreuzen Sie bitte an.

Diese Idee bewerte ich für mich wie folgt:

○   Damit wäre ich zufrieden.

○   Darin sehe ich mich gar nicht.

○   Das wäre wirklich perfekt.

Bemerkungen:

Idee 32:

Die Buchstabensuppen und Buchstabenkekse

Sie basteln gerne? Dann ist ggf. das Legen eines Satzes aus Buchstabensuppen und/oder Buchstabenkeksen genau das richtige für Sie. Sagen Sie es mit einer Keks- und/oder Suppenbotschaft „Willst du mich heiraten". Natürlich bitte alles in einem schönen Rahmen und Umfeld, denn keine Frau will eine kleine Basteleinheit lieblos in der Küche „zufällig" finden.

Checkliste:
- Verlobungsring organisieren und für den passenden Moment bereithalten
- Material und Lebensmittel kaufen
- Leistungsumfang, Rahmenbedingungen, Umfeld und Termin planen

Kostenaufwand:

☑ < 100 € ○ < 500 € ○ < 1.000 €

Zeitaufwand:

○ < 5 Std. ☑ 1 Tag ○ 3 – 5 Tage

Diese Idee bewerte ich für mich wie folgt:

○   Damit wäre ich zufrieden.

○   Darin sehe ich mich gar nicht.

○   Das wäre wirklich perfekt.

Bemerkungen:

Idee 33:

Das Salz in der Suppe

Haben Sie einen großen und schönen Salzstreuer im Haushalt? Dann basteln Sie doch eine Botschaft für Ihre Liebste, auf der z.B. steht: „Du bist das Salz in meiner Suppe - Möchtest du meine Frau werden?". Diese Botschaft mit einer schönen Schleife am Salzstreuer drapiert und dann am besten an einem Tag im Küchenschrank platzieren, an dem Sie genau wissen, dass Ihre Freundin kochen möchte. Stellen Sie doch schon mal den Sekt kalt und natürlich darf auch der Verlobungsring nicht fehlen.

Checkliste:
- Verlobungsring organisieren und für den passenden Moment bereithalten
- Bastelmaterial kaufen, Botschaft gestalten und anbringen
- Leistungsumfang, genaue Vorgehensweise und Termin planen

Kostenaufwand:

☑ < 100 € ○ < 500 € ○ < 1.000 €

Zeitaufwand:

☑ < 5 Std. ○ 1 Tag ○ 3 – 5 Tage

Diese Idee bewerte ich für mich wie folgt:

○   Damit wäre ich zufrieden.

○   Darin sehe ich mich gar nicht.

○   Das wäre wirklich perfekt.

Bemerkungen:

Das Liebesschloss an einer Brücke

Ein kleines Schloss mit Gravur an einer Brücke befestigt. Oft gesehen und weiterhin eine romantische Verbindung für Paare. Ein Ort, an den man gerne zurückkehrt und gerne denkt. Bereiten Sie doch einen Antrag vor, auf dem ein Bügelschloss drapiert ist, auf dem ihre Vornamen vermerkt sind und das Tagesdatum. Darunter dann die Frage aller Fragen als Zusatzgravur. Führen Sie Ihre Liebste scheinbar zufällig an diesen Ort und lassen Sie Ihre Herzensdame das Schloss finden.

Checkliste:

- Verlobungsring organisieren und für den passenden Moment bereithalten
- Liebesschloss inhaltlich planen, bei einem Schlüsseldienst anfertigen lassen und dann am Wunschort anbringen
- Leistungsumfang, Kosten, Umsetzungsplanung und Termin koordinieren

Kostenaufwand:

✔   < 100 €   ◯   < 500 €   ◯   < 1.000 €

Zeitaufwand:

✔   < 5 Std.   ◯   1 Tag   ◯   3 – 5 Tage

Kreuzen Sie bitte an.

Diese Idee bewerte ich für mich wie folgt:

○   Damit wäre ich zufrieden.

○   Darin sehe ich mich gar nicht.

○   Das wäre wirklich perfekt.

Bemerkungen:

Der Hund: Lass das Haustier fragen!

Sie haben einen geliebten Vierbeiner? Bereiten Sie eine kleine Schriftrolle vor und machen Sie diese Botschaft mit einer Schleife an das Halsband von Ihrem Hund. Dann lassen Sie Ihre Herzensdame die Botschaft mittels des Hundes finden. Es wäre auch noch sehr süß und kreativ, wenn Sie hierbei dem Hund eine Fliege umbinden, um den festlichen Rahmen zu unterstreichen. Es ist natürlich bei dieser Vorschlagsvariante darauf zu achten, ob der Hund groß genug ist, um dieses kurzfristige Vorhaben auch körperlich kinderleicht durchführen zu können. Für einen großen Hund kein Problem, für einen sehr kleinen Hund eher ungeeigneter. Das Wohl des Tieres sollte immer im Vordergrund stehen, was selbstverständlich sein wird.

Checkliste:

- Verlobungsring organisieren und für den passenden Moment bereithalten
- Botschaft vorbereiten, rote Schleife kaufen, Hund nach Bereitschaft zum Mitmachen befragen (eher optional)
- Umsetzung, Location und Termin planen

Kostenaufwand:

✔ < 100 €   ○ < 500 €   ○ < 1.000 €

Zeitaufwand:

✔ < 5 Std.   ○ 1 Tag   ○ 3 – 5 Tage

Kreuzen Sie bitte an.

Diese Idee bewerte ich für mich wie folgt:

○   Damit wäre ich zufrieden.

○   Darin sehe ich mich gar nicht.

○   Das wäre wirklich perfekt.

Bemerkungen:

Idee 36:

Die Lieblings-DVD

Haben Sie einen Lieblingsfilm? Dann präparieren Sie den Raum mit passender Dekoration, planen einen Filmabend mit Ihrer besseren Hälfte und bauen den Antrag in dieser Atmosphäre mit ein. Hierbei sind der eigenen Kreativität kaum Grenzen gesetzt. Machen Sie es individuell und von Herzen.

Checkliste:

– Verlobungsring organisieren und für den passenden Moment bereithalten
– Dekoration und Zubehör für den Abend kaufen
– Umsetzung und Termin planen

Kostenaufwand:

☑ < 100 € ◯ < 500 € ◯ < 1.000 €

Zeitaufwand:

☑ < 5 Std. ◯ 1 Tag ◯ 3 – 5 Tage

Kreuzen Sie bitte an.

Diese Idee bewerte ich für mich wie folgt:

○ Damit wäre ich zufrieden.

○ Darin sehe ich mich gar nicht.

○ Das wäre wirklich perfekt.

Bemerkungen:

Idee 37:

Das modifizierte Überraschungsei

Sind Sie geschickt? Dann können Sie vorsichtig ein Überraschungsei auspacken, dort den Ring platzieren und eine Botschaft hinterlassen, die z.B. heißt: „Willst du mich heiraten, mein Schatz?". Danach muss das gelbe doppelseitige Ü-Ei wieder mit der Ursprungsfolie verpackt werden. Nicht sehr leicht, denn im besten Fall soll Ihr Herzblatt ja vorher nichts davon sehen, dass das Ü-Ei modifiziert wurde. Ggf. üben Sie diesen Verpackungsschritt vorher an ein paar Muster-Ü-Eiern.

Checkliste:
–   Verlobungsring organisieren und für den passenden Moment bereithalten
–   Ü-Eier kaufen, Botschaft liebevoll gestalten und Ü-Ei modifizeren
–   Genaue Umsetzung und Termin planen

Kostenaufwand:

✔ < 100 €   ○ < 500 €   ○ < 1.000 €

Zeitaufwand:

✔ < 5 Std.   ○ 1 Tag   ○ 3 – 5 Tage

Kreuzen Sie bitte an.

Diese Idee bewerte ich für mich wie folgt:

○   Damit wäre ich zufrieden.

○   Darin sehe ich mich gar nicht.

○   Das wäre wirklich perfekt.

Bemerkungen:

Idee 38:

Die Bannernachricht an einem Schiff

Kennen Sie jemanden, der ein Schiff an einem Fluss oder See hat? Falls nein, kann man sicher auch bei einem örtlichen Schifffahrts- oder Segelverein nachfragen und dort neue Kontakte knüpfen. Die Idee bei diesem Vorschlag ist, an einem Boot (an einer Seite) ein Banner mit einer Aufschrift zu befestigen. Bei einem Spaziergang am See oder Fluss würde dann Ihre bessere Hälfte das Boot nähern sehen und könnte beispielhaft ein Banner mit folgender Aufschrift lesen: „Ich liebe dich mein Schatz, möchtest du mich heiraten?"

Checkliste:
- Verlobungsring organisieren und für den passenden Moment bereithalten
- Bootsbesitzer finden und einweihen, Banner gestalten und drucken lassen
- Leistungsumfang, Kosten und Termin planen

Kostenaufwand:

◯ < 100 €   ☑ < 500 €   ◯ < 1.000 €

Zeitaufwand:

◯ < 5 Std.   ☑ 1 Tag   ◯ 3 – 5 Tage

Kreuzen Sie bitte an.

Diese Idee bewerte ich für mich wie folgt:

○   Damit wäre ich zufrieden.

○   Darin sehe ich mich gar nicht.

○   Das wäre wirklich perfekt.

Bemerkungen:

Idee 39:

Der Golfplatz

Spielen Sie gerne Golf? Dann ist ggf. ein Antrag auf dem Golfplatz genau die richtige Idee für Ihren Antrag.
Z.B. eine Botschaft am Loch 7 unter dem Motto „Ich schwebe auf Wolke 7, weil es dich gibt! Möchtest du mich heiraten?"
Vielleicht als romantische Briefbotschaft geschickt versteckt im 7. Loch auf dem Platz. Weihen Sie den Platzwart ein und stimmen Sie alles Notwendige für den romantischen Antrag ab. Somit kann der Tag der Tage in aller Ruhe kommen und Sie sind gut vorbereitet.

Checkliste:
– Verlobungsring organisieren und für den passenden Moment bereithalten
– Liebesbotschaft vorbereiten, Platzwart und Freunde einweihen
– Umsetzung und Termin planen

Kostenaufwand:
☑ < 100 €   ○ < 500 €   ○ < 1.000 €

Zeitaufwand:
○ < 5 Std.   ☑ 1 Tag   ○ 3 – 5 Tage

Kreuzen Sie bitte an.

Diese Idee bewerte ich für mich wie folgt:

○   Damit wäre ich zufrieden.

○   Darin sehe ich mich gar nicht.

○   Das wäre wirklich perfekt.

Bemerkungen:

Idee 40:

Der Kochkurs

Ein Kochkurs weckt die Sinne. Ein Kochkurs verbindet. Sollten Sie Spaß und Freude am Kochen haben, können Sie auch bei einem gemeinsamen Kochkurs den Antrag machen. Z.B. mit einer Botschaft aus Obst, die es als Nachspeise gibt. Aus Trauben lassen sich beispielhaft gut Buchstaben auf einer Servierplatte formen. Den Rest kann man mit Erdbeeren auslegen und erhält somit auch einen Touch von „Rot" in der Frage aller Fragen.

Checkliste:

- Verlobungsring organisieren und für den passenden Moment bereithalten
- Kursleiter einweihen und ausreichend Obst kaufen, Platten vorbereiten und kühlen
- Leistungsumfang, Kosten und Termin planen

Kostenaufwand:

✔ < 100 €   ◯ < 500 €   ◯ < 1.000 €

Zeitaufwand:

◯ < 5 Std.   ✔ 1 Tag   ◯ 3 – 5 Tage

Kreuzen Sie bitte an.

Diese Idee bewerte ich für mich wie folgt:

○   Damit wäre ich zufrieden.

○   Darin sehe ich mich gar nicht.

○   Das wäre wirklich perfekt.

Bemerkungen:

Idee 41:

Die Paarmassage

Ein Tag in der Sauna, im Spa, Wellness pur. Das klingt doch wunderbar und schafft auch kreative Möglichkeiten, z.B. bei einer Paarmassage in ruhiger, relaxter Atmosphäre DIE Frage zu stellen. Natürlich kann und sollte das Personal (Masseurinnen/Masseure) vorher eingeweiht sein und z.B. den Moment mit zelebrieren. Allerdings muss diese Variante auch wirklich zur Herzensdame passen. Sollte jemand mit Spa und Wellness wenig bis nichts verbinden, empfehlen wir eher einen sehr klassischen Vorschlag.

Checkliste:
– Verlobungsring organisieren und für den passenden Moment bereithalten
– Spa- und Wellnessanbieter ausfindig machen, Rahmenbedingungen abklären und Behandlung frühzeitig buchen
– Leistungsumfang, Kosten und Termin planen

Kostenaufwand:
○ < 100 €   ✔ < 500 €   ○ < 1.000 €

Zeitaufwand:
○ < 5 Std.   ✔ 1 Tag   ○ 3 – 5 Tage

Kreuzen Sie bitte an.

Diese Idee bewerte ich für mich wie folgt:

○   Damit wäre ich zufrieden.

○   Darin sehe ich mich gar nicht.

○   Das wäre wirklich perfekt.

Bemerkungen:

Idee 42:

Der Waldspaziergang

Natur pur! Ein Waldspaziergang verschafft frische Luft und ist für Naturliebhaber genau der richtige Weg zum Heiratsantrag. Hierbei könnten Sie z.B. eine Wanderroute planen, vorher einen schönen Picknickkorb verstecken und im Rahmen des Naturerlebnisses um die Hand Ihrer Liebsten anhalten. Wunderschön für Liebhaber von Flora und Fauna.

Checkliste:

– Verlobungsring organisieren und für den passenden Moment bereithalten
– Route und Picknickkorb o.ä. vorbereiten, Überraschungsmoment nutzen
– Leistungsumfang, Kosten und Termin planen

Kostenaufwand:

✔ < 100 €   ◯ < 500 €   ◯ < 1.000 €

Zeitaufwand:

◯ < 5 Std.   ✔ 1 Tag   ◯ 3 – 5 Tage

Kreuzen Sie bitte an.

Diese Idee bewerte ich für mich wie folgt:

○   Damit wäre ich zufrieden.

○   Darin sehe ich mich gar nicht.

○   Das wäre wirklich perfekt.

Bemerkungen:

Idee 43:

Der Pokal beim Kartrennen

Sie haben Lebensdynamik, Power und Energie ohne Ende? Dann ist ggf. das Kartrennen für Sie die perfekte Möglichkeit, um die Hand Ihrer baldigen Ehefrau anzuhalten. Lassen Sie z.B. Ihre bessere Hälfte das Rennen unauffällig gewinnen. Fahren Sie wieder in die Boxengasse ein und überreichen den kleinen Gewinnerpokal. Wenn hier dann Ihre beiden Vornamen und das Tagesdatum eingraviert sind und im unteren Teil z.B. „Sieger meines Herzens", schaffen Sie die perfekte, romantische Möglichkeit, persönlich um die Hand Ihrer Partnerin anzuhalten. Sehr außergewöhnlich, aber auch sehr besonders.

Checkliste:
- Verlobungsring organisieren und für den passenden Moment bereithalten
- Pokal organisieren, Kartbahn reservieren und Absprachen mit dem Personal zum Ablauf frühzeitig durchführen
- Leistungsumfang, Kosten und Termin planen

Kostenaufwand:

○ < 100 €   ✓ < 500 €   ○ < 1.000 €

Zeitaufwand:

○ < 5 Std.   ✓ 1 Tag   ○ 3 – 5 Tage

Kreuzen Sie bitte an.

Diese Idee bewerte ich für mich wie folgt:

○   Damit wäre ich zufrieden.

○   Darin sehe ich mich gar nicht.

○   Das wäre wirklich perfekt.

Bemerkungen:

Idee 44:

Die gemeinsame Laufstrecke als Schnitzeljagd

Sind Sie und Ihre Liebste eine Sportskanone? Dann ist die gemeinsame Laufstrecke, auf der Sie rein zufällig vorher sog. Papierschnitzel hinterlegt haben, die perfekte, überraschende Liebesroute für Sie und Ihre Partnerin. Im besten Fall führt die Spur dann zu einem besonderen Plätzchen/Ort, an dem bereits ein Picknickkorb oder ein Sektkühler warten. Danach heißt es nur noch „Worauf warten Sie, stellen Sie bitte Ihre Frage!"

Checkliste:
- Verlobungsring organisieren und für den passenden Moment bereithalten
- Laufstrecke planen, Überraschungskorb (Sekt etc.) zusammenstellen, Wegpapierschnitzel vorbereiten zum Ausstreuen auf der Laufroute.
- Leistungsumfang, Umsetzung und Termin planen

Kostenaufwand:

✔ < 100 €   ◯ < 500 €   ◯ < 1.000 €

Zeitaufwand:

◯ < 5 Std.   ✔ 1 Tag   ◯ 3 – 5 Tage

94

Kreuzen Sie bitte an.

Diese Idee bewerte ich für mich wie folgt:

○   Damit wäre ich zufrieden.

○   Darin sehe ich mich gar nicht.

○   Das wäre wirklich perfekt.

Bemerkungen:

Dieses Buch gehört:

_____

Es wird dir geschenkt von:

_____

Impressum

© 2020 youneo projects flick und weber GbR

Verantwortlich

Christian Flick / Mathias Weber

youneo projects flick und weber GbR, Poststraße 1, 49326 Melle

info@youneoprojects.de, www.youneoprojects.de

Herstellung und Verlag

BoD - Books on Demand, Norderstedt

Bildquellen

© BABAROGA/shutterstock (Cover), ddok/shutterstock

Hafenprinzessin® ist eine eingetragene Marke der youneo projects flick und weber GbR.

ISBN: 9783750469662

Bitte fühle dich

herzverankert!

Ich wünsche dir einen
maximalerfüllten Tag.

Bitte fühle dich

herzverankert!

Ich wünsche dir, dass du
gesund und fit bleibst.

Bitte fühle dich

herzverankert!

Ich wünsche dir, dass du
humorvoll bleibst.

Bitte fühle dich

herzverankert!

Ich wünsche dir,
dass du gücklich bleibst.

Bitte fühle dich

herzverankert!

Ich wünsche dir, dass du
dir alle Träume erfüllst,
die dir wichtig sind.

Bitte fühle dich

herzverankert!

Ich wünsche dir in stressigen
Zeiten etwas Ruhe.

Bitte fühle dich

herzverankert!

Ich wünsche dir
Zufriedenheit ohne Ende.

Bitte fühle dich

herzverankert!

Ich wünsche dir einen Tag
ohne Wolken mit viel Sonne.

Bitte fühle dich

herzverankert!

Ich wünsche dir die Kraft,
auch an Regentagen die
Sonne zu erahnen.

Bitte fühle dich

herzverankert!

Ich wünsche dir geniale
Ideen für kleine Probleme.

Bitte fühle dich

herzverankert!

Ich wünsche dir einen Schraubenschlüssel, falls mal eine kleine Schraube locker ist.

Bitte fühle dich

herzverankert!

Ich wünsche dir eine Hand,
die deine Hand hält.

Bitte fühle dich

herzverankert!

Ich wünsche dir ein starkes Herz, das für dich schlägt.

Bitte fühle dich

herzverankert!

Ich wünsche dir ein Über-
mass an Glück und Freude.

Bitte fühle dich

herzverankert!

Ich wünsche dir einen treuen
Freund mit vier Beinen.

Bitte fühle dich

herzverankert!

Ich wünsche dir einen
grünen Daumen für deine
Zimmerpflanzen.

Bitte fühle dich

herzverankert!

Ich wünsche dir eine wolkenfreie Nacht mit klarer Sternensicht.

Bitte fühle dich

herzverankert!

Ich wünsche dir, dass du auch mal einfach nur an dich denkst.

Bitte fühle dich

herzverankert!

Ich wünsche dir, dass du deine Lebenszeit perfekt und ideal nutzt.

Bitte fühle dich

herzverankert!

Ich wünsche dir einen Schokoriegel für größte Stress-Notfälle im Alltag.

Bitte fühle dich

herzverankert!

Ich wünsche dir Geduld
im Überfluss.

Bitte fühle dich

herzverankert!

Ich wünsche dir, dass dein inneres Kind immer vorhanden bleibt.

Bitte fühle dich

herzverankert!

Ich wünsche dir, dass du einen edlen Wein in schöner Atmosphäre genießen kannst.

Bitte fühle dich

herzverankert!

Ich wünsche dir, dass du ein kühlendes Bier an einem heißen Tag genießen kannst.

Bitte fühle dich

herzverankert!

Ich wünsche dir immer ausreichend WLAN in deiner Nähe.

Bitte fühle dich

herzverankert!

Ich wünsche dir einen wunderschönen Urlaub in den nächsten Monaten.

Bitte fühle dich

herzverankert!

Ich wünsche dir, dass du bald mal wieder einen schönen City-Trip machen wirst.

Bitte fühle dich

herzverankert!

Ich wünsche dir, dass du dich fast nur noch auf positive Dinge fokussierst.

Bitte fühle dich

herzverankert!

Ich wünsche dir, dass du erkennst, wie unwichtig manche Dinge mit etwas Abstand sind.

Bitte fühle dich

herzverankert!

Ich wünsche dir Handwerker, die pünktlich sind und preiswert hinzu.

Bitte fühle dich

herzverankert!

Ich wünsche dir, dass die nächste Wildtaube dein Auto nicht mehr attackiert.

Bitte fühle dich

herzverankert!

Ich wünsche dir einen Tank,
der sich langsamer leert und
deinen Geldbeutel schont.

Bitte fühle dich

herzverankert!

Ich wünsche dir einen wunderschönen Abend mit deiner Familie und deinen Lieben.

Bitte fühle dich

herzverankert!

Ich wünsche dir, dass dich jemand auf ein leckeres, großes Eis im Sommer einlädt (z.B. ich).

Bitte fühle dich

herzverankert!

Ich wünsche dir eine Welt,
die friedlich ist und bleibt.

75

Bitte fühle dich

herzverankert!

Ich wünsche dir eine Hose,
die nicht immer enger wird
nach dem Waschen.

Bitte fühle dich

herzverankert!

Ich wünsche dir eine helfende Hand beim Schnee- schieben im Winter (z.B. meine).

Bitte fühle dich

herzverankert!

Ich wünsche dir, dass du ausreichend Kerzen bei einem Stromausfall hast.

Bitte fühle dich

herzverankert!

Ich wünsche dir ganz viele liebe Menschen in deiner Nähe, die deinen Tag bereichern.

Bitte fühle dich

herzverankert!

Ich wünsche dir eine Versicherung, die im Notfall keine Ausschlussklauseln findet.

Bitte fühle dich

herzverankert!

Ich wünsche dir kräftige Zähne, damit du Bisskraft hast, ohne bissig zu werden.

Bitte fühle dich

herzverankert!

Ich wünsche dir Bärenkräfte,
ohne übergewichtig zu sein.

Bitte fühle dich

herzverankert!

Ich wünsche dir Diätrezepte,
die auch wirklich schmecken.

Bitte fühle dich

herzverankert!

Ich wünsche dir einen Strauß mit schönen und perfekt duftenden Blumen (z.B. von mir).

Bitte fühle dich

herzverankert!

Ich wünsche dir einen schönen Kinoabend (gerne auch mit mir).

Bitte fühle dich

herzverankert!

Ich wünsche dir Kraft und Mut, deinen Sehnsüchten intensiv zu folgen.

Bitte fühle dich

herzverankert!

Ich wünsche dir ein gesundes Maß an Egoismus, damit es auch dir immer gut geht.

Bitte fühle dich

herzverankert!

Ich wünsche dir ein Lebens-
gleichgewicht, das dich trägt
und beschützt.

Bitte fühle dich

herzverankert!

Ich wünsche dir einen Nachbarn, der dich mag und unterstützt.

Bitte fühle dich

herzverankert!

Ich wünsche dir alles Glück
dieser Welt und, dass du
bleibst, wie du bist.

Bitte fühle dich

herzverankert!

Heute wollte ich dir
noch was sagen:

Du bist ein wunderbarer und
ganz besonderer Mensch.

Es ist einfach klasse,
dass es dich gibt!